Hoy no, Satanás

Por

La Dra. Leah McCray

Contenido

Introducción

Un día, mientras yo estaba mirando una pila de facturas y reflexionando sobre sueños y visiones que parecía estar a la deriva fuera de su alcance como las nubes cúmulos, bajé mi cabeza en la mesa y cerré mis ojos.
He tenido. Eso es todo. Estoy hecho.

Sé que se supone que no tengo que vivir mi vida de esta manera. Tienen miedo de esto, preocupados y ansiosos a causa de todo lo demás. Y por qué hay tanta falta en mi vida? Yo trabajo duro. No puedo robar. No me engaña. ¿Cuál es el problema aquí? ¿Por qué no puedo ver las cosas suceden por mí? ¿Por qué me largo para cosas que nunca parecen venir mi camino? ¿Por qué?

Como empecé a ahogar en el silencio, me levanté y apaga la luz y nos dirigimos a mi dormitorio. Mientras me preparaba para caer boca abajo en mi cama, me oyó mi voz, movidos por el Espíritu Santo, comienza a levantarse desde el hoyo de mi estómago, ganando de graves y agudos, ya que llegó a la cumbre de mi mente y se declara;

"Hoy no, Satanás. No hoy!".

Metamorfosis

" Y no os conforméis a este mundo, sino transformaos mediante la renovación de vuestro entendimiento, para que comprobéis cuál sea la buena, agradable y perfecta voluntad de Dios." (Romanos 12:2 KJV.

Y así comenzó. Fue el día que me decidí a tomar una posición firme contra el enemigo.

No hay más que viven en alfileres y agujas, preguntándose por qué tormenta va a pulsar en siguiente. Consumida por pensamientos de cómo recorrer las muchas trampas, zanjas y agujeros cubiertos que el enemigo había esparcidos por el campo de batalla que fue mi vida, me decidí a tomar una posición contraria. No más. Yo estaba decidido a vivir una vida abundante, sin miedo y sin temor. Me paraba en la Palabra de Dios y prestar atención a su comando a ser fuertes y valientes.

¿Pero cómo puedo hacer eso? ¿Dónde puedo empezar? Yo ya estaba guardado. Yo había recibido a Jesús como mi Señor y Salvador hace muchos años como una niña, pero lo que yo había aprendido como un adulto; lleno de contratiempos, errores, y a pesar de que estaba recibiendo de él *y* que le permita vivir a través de mí eran dos cosas completamente diferentes.

Permítanme explicar; estoy suponiendo que usted ha aceptado a Jesús en su vida y que se guardan y que cuando usted muere, usted sabe que el cielo es su hogar. Si ese no es el caso, por favor vaya al último capítulo de este libro y permítanme presentarles a Jesús y la maravillosa promesa de que él tiene para usted. Después de que lo haya hecho, vuelva aquí y vamos a terminar.

Pero para mi guarda los lectores, la razón por la que Jesús habló mucho acerca del reino, es porque se nos enseña a vivir como ciudadanos del reino, co-herederos con él, que estamos después de la salvación.

Para Jesús, la salvación era el suelo. Aunque, un hermoso, necesario, asombrosa, deber-tiene la palabra, pero la palabra.

¿Qué hizo él tingle con deleite era el pensamiento de nosotros, caminar en el poder y la autoridad que recibe de él, su palabra y el Espíritu Santo nos traería. Esto es lo que le gustó; esto es lo que trae gloria a su nombre.

Pensar en ello. ¿Te acuerdas de cuando

Jesús les dijo a los discípulos a entrar en el barco, porque iban al otro lado? Durante ese viaje, se quedó dormido y una fuerte tormenta se levantó y todos ellos quedaron muy asustados.

Estaban tan asustados que desperté a Jesús. Ellos estaban completamente asombrado de que podía dormir en medio de una tormenta, en primer lugar, y esperando contra toda esperanza de que él podría hacer algo al respecto. Jesús, posiblemente molesto por la intrusión en su hora de la siesta, pero seguramente irritado por su estado de incredulidad, les preguntó por qué estaban tan atemorizados y por qué tenían tan poca fe. No molestarse siquiera esperar una respuesta, se refirió a la tormenta y mandó que se le sigue como declaró la paz en las circunstancias. La tormenta Le obedeció.

Sorprendido, preguntó a los discípulos entre sí en cuanto a qué clase de hombre es este que puede ordenar a los vientos y las olas. Allí estaban completamente superado. Pero, por lo que era Jesús, aunque por razones muy diferentes.

Se sacudió porque no sabían que Jesús podía hablar con tormentas, y Jesús sabía que no había llegado al entendimiento de que podrían.

Voy a hacerme ser sobrenaturales

Bueno, yo no iba a sentarse en este barco ser arrastrados por mares de circunstancia. Yo estaba decidido a ser sobrenatural. Quiero hacerme ser sobrenatural.

Pero ¿qué es eso? Lo que es súper acerca de ser natural? Acerca del funcionamiento de esta carne? Así" super it up" significaría que acaba de ser natural de esteroides. Tan solo más de lo que yo ya soy? Más carnosa de las cosas?

No, gracias! El deseo es ser espiritual. Y, con eso, no hay necesidad de ser *súper espirituales*, por estar en el espíritu está siendo conducido y dirigido por Dios, por lo que no hay niveles. Hay un espíritu de Dios y mi deseo es que fluyen en él.

Por lo tanto, si usted está en el espíritu, estás en el lugar de la bendición. Es el enemigo que nos dice a decir algo más que sí o no. Él nos convence a embellecer, elaborar y viste a cosas que deberían ser simplemente esto o aquello. Entonces, no, no necesito para caminar en lo sobrenatural, en el Espíritu del Dios altísimo!

Por lo tanto, cuando empecé a mirar a todos que no era justo en mi vida; la falta, la vergüenza, la pérdida de la esperanza, la depresión, la opresión. Como quiera que sea, me di cuenta de que yo estaba aquí, porque me he permitido estar aquí.

Yo estaba siendo naturales , intentando ser super , y todo empezó en mi mente. Lo que yo estaba dispuesto a creer, aceptar y recibir. Necesitaba una transformación, una metamorfosis del reino, y sólo se puede conseguir mediante la obtención de la palabra de Dios.

Renovación de la mente

Así, la Palabra dice que debemos ser transformados por la renovación de nuestra mente. ¿Y qué es lo que la palabra dice sobre nuestras mentes? ¿Qué decir acerca de cómo deberíamos pensar acerca de nosotros mismos y de nuestras vidas? Y una vez que tengamos eso, ¿cómo podemos aplicarlo?

Usted no es el mismo. "Usted ha nacido de nuevo [es decir, renace desde arriba-- espiritualmente transformada, renovada y separados para su propósito] no de la semilla que es perecedera, sino [de] lo que es imperecedero e inmortal, es decir, a través de la vida y la eterna

Palabra de Dios." 1Pedro 1:23 amp.

Todo empieza aquí. Cualquier otra verdad y promesa se basan en y se accede a través de esta poderosa verdad vivificante. Usted ha sido renacido. ¿Qué significa eso? Lo que la renovación de la mente, la vida transformando nugget reside dentro de esta declaración? Listo? Aquí vamos!

Ustedes se han convertido en nuevos. Intente recordar cada cosa negativa que alguna vez has pensado en usted y cada cosa negativa es que nadie ha dicho sobre usted y comprender que la persona ha fallecido. Usted es una nueva creación.

La que antes de Jesús era un esclavo del pecado, no puede librarse de hábitos y emociones que tenían sus raíces en el egoísmo, la avaricia, el miedo, la envidia o el odio. El viejo que realmente no veo nada malo en cuidar de sí antes de nada ni de nadie, a cualquier costo.

Pero piense en lo que comenzó a suceder en el interior de usted cuando usted piensa, habla o se comportaban como puede haber en el pasado antes de que aceptaron a Cristo. ¿Por qué hay una pausa que sucede ahora antes de hacer o decir algo hiriente? ¿Por qué el remordimiento? Por qué la condena?

Porque, mi amigo, le han renacido. No eres la misma persona, incluso si a veces actuar como tal. Debe envolver su mente alrededor de esta verdad y aceptarla. Una vez que lo haces, será mucho más fácil para usted para actuar en conformidad con quien eres ahora y que se está convirtiendo. Oh sí, eres justo ahora, a pesar de los errores que se están convirtiendo en un "hijo de Dios".

Por lo tanto, no sólo te han renacido en esta novedad de vida, que en realidad es un retroceso a lo que fueron desde el principio; hecho para vivir y actuar en la tierra como Dios en el cielo. Pero, también has sido regenerado a una vida eterna de la unidad con él.

Así, el primer paso para patear a Satanás fuera de sus asuntos y transformar su vida mediante la renovación de vuestra mente es a abrazar plenamente, reconocer y comprender que han nacido (recibida en su lugar) en el reino de Dios. Piense en esto un buen rato y no salir de ella hasta que usted realmente consigue la enormidad de todo ello.

Los dispositivos del enemigo

Conciencia de pecado

Estás perdonado por la cuenta del nombre de Jesús y Su sangre fue derramada por vosotros. Período. No existe nada que usted podría hacer para pagar su deuda.

1 Juan 2:12 dice, "Os escribo a vosotros, hijitos (creyentes, queridos), porque sus pecados han sido perdonados por su nombre [le han indultado y liberado de su deuda espiritual mediante su nombre porque se ha confesado su nombre, creyendo en Él como su Salvador]." (1 Juan 2:12 ☐☐☐☐☐ ☐ AMP. ☐☐

Por tanto, repito, le son perdonados! Usted necesita realmente para agarrarse de esta verdad, porque una de las armas más eficaces que el enemigo utiliza contra el pueblo de Dios es un corrosivo sentimiento de indignidad. Que hemos ido demasiado lejos; hecho demasiado.

Incluso después de que hemos recibido la salvación, muchos de nosotros se detendrá justo ahí, respirar un suspiro de alivio y no ir más allá en la realidad del reino, porque creemos que realmente han realizado en la piel de nuestros dientes y que esperar algo más de Dios es simplemente ridículo.

Sin embargo, la verdad es que incluso a esperar la salvación de Dios, basados en nuestros propios méritos o habilidad es una perspectiva del tonto. Somos salvos porque hemos aceptado a Jesús como nuestro Señor y Salvador, y como la propiciación (pago de deuda) por nuestros pecados.

Dios nos ha perdonado, no porque estábamos tristes, dolor, o decididos a no hacer esas cosas de nuevo. Todas estas son una respuesta adecuada al pecado en nuestras vidas, pero no se mueven de Dios la dedicación a la justicia divina y nos libere de la debida paga del pecado que es la muerte. Pero lo que mueve a Dios es la sangre de Jesús. Hemos sido perdonados, de una vez y para siempre, mientras permanecemos en la sangre.

Así que la próxima vez que el enemigo intenta asaltar la mente con pensamientos que Dios está enojado con usted o que usted está en el "outs" con Dios, le dicen, *no hoy* y simplemente recordarle a él y a usted que es la sangre que ha adquirido su perdón y su libertad. La sangre de Jesús, por sí sola, es más que suficiente. *Renueva tu mente en eso!*

La duda y la incredulidad

Qué destructiva es la duda y la incredulidad? Examinemos dos escrituras y ver lo que Dios tiene que decir acerca de la importancia de no ser marginado por esta escopeta de doble barril:

En primer lugar, Marcos 11:22-24; "Así respondió Jesús y les dijo: "Tengo fe en Dios. De cierto, de cierto os digo que cualquiera que diga a este monte: "ser quitado y ser arrojados al mar", y no duda en su corazón, sino que cree que las cosas que él dice será hecho, él tendrá lo que él dice. Por eso le digo a usted, independientemente de las cosas que pregunte cuando oran, creo que usted recibe, y dispondrá de ellos." (Marcos 11:22-24☐ ☐ NKJV☐☐☐☐☐☐☐☐☐☐.

En esta escritura, podemos ver claramente que la duda y la incredulidad hará que nuestras declaraciones y las oraciones que se basan en y arraigada en la palabra de Dios, que no tienen ningún poder para manifestarse. Nuestro Dios nos está diciendo claramente que recibir de él cuando oramos, debemos arrojar dudas e incredulidad de lado. Debemos considerar que ya ha hecho.

Veamos ahora Santiago 1:5-8; "y si alguno de vosotros tiene falta de sabiduría, pídala a Dios, el cual da a todos abundantemente y sin reproche, y le será dada. Pero pida con fe, sin dudar, porque el que duda es como una ola del mar, impulsada por el viento y echada. Para que el hombre no permiten suponer que él recibirá nada del Señor; él es un hombre de mentalidad doble, inestable en todos sus caminos" (Santiago 1:5-8☐ ☐ NKJV☐☐☐☐ .

Wow! En esta Palabra, es la revelación de que lo que estamos buscando de Dios, debemos pedir con fe, plenamente seguros de que él no sólo es capaz de suministrar la misma cosa que estamos en necesidad o, pero que también está dispuesto. No debemos renuncia en esto, porque si somos "whishy pretendiente" en nuestro stand en la fidelidad de Dios, no sólo podemos esperar a no recibir, pero prepárese para sufrir la pérdida.

Esta es una advertencia muy real para el cuerpo de Cristo y una clara instrucción sobre cómo caminar en victoria en este reino de la vida.

También me gusta este versículo en ser una

sola mente cuando se trata de la Palabra de Dios: "La lámpara del cuerpo es el ojo: pues si tu ojo fuere simple (mantener en una sola cosa, ninguna alternativa, considere no...), todo tu cuerpo estará lleno de luz. Mas si tu ojo fuere malo, todo tu cuerpo estará lleno de oscuridad. Así que, si la lumbre que en ti hay son tinieblas, cuán grande es esa oscuridad!" (Mateo 6:22-23☐ ☐ KJV☐☐☐☐☐☐.

Mantenga su corazón, mente, y habla de una sola cosa: ¿Qué dice Dios acerca de él. Creer en su informe. Ningún plan, ninguna alternativa resultados, sólo lo que Dios ha dicho. Esta es la forma en que hacemos nuestro camino próspero y la derrota del enemigo☐☐ tácticas.

Por lo tanto, recuerde, no deje que el tiempo te hacen dudar de lo que Dios le dijo que iba a suceder. Encontramos en su palabra, en la fe, no importa qué. Sin duda e incredulidad dan lugar en su corazón.

Miedo

"Personas temerosas es una trampa peligrosa, pero confiando en el Señor significa seguridad." (Proverbios 29:25 ☐ ☐☐ NLT .

Dios nos dice en 2 Timoteo 1:7, que "no nos ha dado el espíritu de temor, sino de poder, de amor y de una mente sana." Entonces, si el miedo no viene de Dios, que viene del enemigo.

Nuestro Padre nos dice en las escrituras múltiples a no tener miedo. Por qué, porque el miedo nos paraliza en nuestra búsqueda de nuestro propósito. El miedo nos hace retroceder, a racionalizar, a caminar en la razón y no en la fe. El miedo es fe en lo que el diablo quiere hacer con nosotros y su raíz es la incredulidad.

El antídoto al miedo, sin embargo, es muy sencillo; basta con pasar tiempo con Jesús! "Ahora, cuando vieron la audacia e irrestringida elocuencia de Pedro y Juan y percibían que eran ignorantes y adiestrados en las escuelas [hombres comunes sin ventajas educativas], se maravillaban; y reconocieron que habían estado con Jesús" (Hechos 4:13 □ □□□□ □□□□ AMP.

Simplemente regodearse en el power-laden presencia del Señor y pasar tiempo en Su Palabra te dará una fuerza y una audacia que nunca supo que eran capaces de tener. Es porque en su presencia hay paz y en Su Palabra hay vida.

Una mentalidad de la victoria

Él te ha escogido y diferenciarse

Usted es un miembro de un linaje escogido, sacerdocio real, nación santa, pueblo de Dios la propia posesión. (1 Pedro 2:9,10). "Pero ustedes son una raza elegida, un sacerdocio real, una nación consagrada, un pueblo [especial] a Dios por su propia posesión, de modo que usted pueda proclamar las excelencias [las hazañas y virtudes y perfecciones] de aquel que los llamó de las tinieblas a su luz admirable. Una vez que no eran un pueblo [a todos], pero ahora se G\OD LA GENTE/; una vez que no habían recibido misericordia, pero ahora habéis alcanzado misericordia." (1 Pedro 2:9-10□ □ □□□□□□□□□□□□□□ AMP

Ahora, sabiendo que han nacido de nuevo y que han sido perdonados ¿Quién eres? ¿Cuál es su identidad en este momento? A veces cuando usted acepta a Jesús y entrar en el reino de Dios, se sienten diferentes y solas. Al hacer decisiones diarias para vivir una vida que honra a Dios por conforme sus pensamientos y sus comportamientos para ser como Cristo, se puede sentir como que eres tú contra el mundo y, francamente, es.

Los sociólogos nos dicen que nosotros, los seres humanos, necesitan sentirse parte de algo, necesitamos sentir que pertenecemos. Esta es la razón por la que, dicen, los niños que se sienten abandonados, rechazado y solo se unen a bandas y otros grupos sociales y situaciones insalubres, sólo para ser parte de algo.

Nuestro Padre celestial quiere que usted sepa que si cada persona que ha llamado a un amigo o familiar que se vuelve contra usted porque de vuestro compromiso de servir a él que nunca olvidará, ni se olvidará de TI. Así, aunque puede que se sienten solos, a veces, como usted está caminando esta vida solos, ¿qué es la verdad? Vamos a masticar esta mente renovación nugget; **ha sido re-nacido en una clara, definitiva derrota a diablo dinastía**.

No sólo estás ahora sobrenaturalmente vinculado con los creyentes de todo el mundo, pero ustedes tienen ángeles que le rodean y vaya antes, una masa de testigos en los lugares celestiales animándolo y al Espíritu Santo de Dios viviendo dentro de usted.

Así que la próxima vez el enemigo sirve la

mentira que ha sido abandonada en su intento de engaño a la depresión y para convencerle de que la cura para una enfermedad que usted *no tiene realmente* se encuentra en el mundo; sólo le dan esa palabra..."Yo soy un linaje escogido, real sacerdocio, Dios la propia posesión" y verle scurry fuera de la habitación.

Usted está ungido y nombrado

"En cuanto a vosotros, la unción [el don especial, la preparación] que habéis recibido de Él permanece [permanente] en usted, y usted no tiene necesidad de alguien que le enseñe. Pero así como su unción os enseña [dándole insight a través de la presencia del Espíritu Santo] acerca de todas las cosas, y es verdadera, y no es una mentira, y así como la unción de Dios nos ha enseñado, usted debe permanecer en él [están arraigados en él, unida a él]." (1 Juan 2:27 □ □ □□□□□ AMP. □□

Él ha dotado a usted. Él ha puesto en ti su unción que tiene la capacidad de proporcionarle todo lo que usted necesitará siempre. Es todo allí porque estás en Cristo y él está en Dios.

Le han encargado

Ahora que usted sabe quién es usted y que usted, que sus pecados han sido perdonados, que son una nueva creación nacida en una familia cuyo padre es personal e íntimo a Dios todopoderoso; cómo se puede vivir hasta el bombo?

Sé que no es una palabra que normalmente asociado con los creyentes, sino el mundo. Dicen que uno no puede vivir su vida basada en las escrituras de que "viejos, obsoletos libro." ¿Quién puede obedecer todas esas "normas?" Además, incluso si este "Jesús sanó a la gente", perdonó pecados, liberado el enlazado y resucitado muertos que hizo luego, en otra época y tiempo. ¿Creen realmente que pueden hacer cosas que hoy en día?

Envolver sus mentes alrededor de la palabra, el pueblo de Dios, no sólo Jesús dice que se puede hacer todo eso, pero él ha encargado a ti a hacerlo. Vamos a explicarles esto.

En primer lugar, en las Escrituras, podemos señalar el hecho de que Jesús delegó su autoridad a nosotros? En Marcos 6:7-13, Jesús envía a los discípulos en grupos de dos, diciéndoles que él les está enviando con poder sobre los espíritus impuros (demoníaca), a predicar el arrepentimiento, echa fuera muchos demonios y sanar a los enfermos. ¿Hay alguna diferencia entre los discípulos y usted? La palabra "discípulo" utilizada en el texto, simplemente significa "uno que es enviado por Dios." ha sido enviado? ¿Qué significa la palabra decir? Listo? Meditar sinceramente en esto:

"Pero ahora yo vengo a ti, y digo estas cosas [todavía] mientras estoy en el mundo, a fin de que puedan experimentar mi alegría hizo pleno y completo y perfecto dentro de ellos [llenar sus corazones con mi deleite]. Yo les he dado tu palabra [el mensaje que me dio]; y el mundo ha odiado porque no son del mundo y no pertenecen al mundo, como yo no soy del mundo y no pertenecen a ella. No le pido que les quites del mundo, sino que mantenerlos y protegerlos del mal. Ellos no son del mundo, como yo no soy del mundo. Santifícalos en la verdad [ponerlos aparte para sus fines, hacerlos santo]; Tu palabra es verdad. Justo como usted **encargó** y me ha enviado al mundo, yo también tengo **encargado** y les envió (Creyentes) en el mundo. Por su bien, yo me santifico á mí mismo [para hacer tu voluntad"], así que ellos también sean santificados [set aparte, dedicado, santificada] en [su] verdad. "Yo no rezar por estos solos [no es por su bien, sólo que me hacen esta petición], sino también para aquellos que [todos] [Nunca] creer y confiar en mí a través de su mensaje, que todos sean uno; como tú, Padre, estás en mí y yo en ti, que ellos también sean uno en nosotros, para que el mundo pueda creer [sin duda alguna] que envió Me." (Juan 17:13-21☐ ☐ ☐☐☐☐☐☐☐☐☐☐☐☐☐☐☐ AMP .

Así que, ahora que ya no puede permanecer cualquier duda que haya sido facultada y desplegó a ser como Él en este mundo. Una persona que cree que él puede cambiar el futuro y redimir el pasado. Una persona que camina en el poder de Su resurrección es como un hombre (o mujer) destruyendo crew - reventando hasta dispositivos de Satanás, los planes y los ataques dondequiera que él o ella se va.

Cuando creemos de verdad que la palabra de Dios, nada nos puede detener.

Usted tiene un enemigo, para ser uno en volver

No lo consigue torcido; usted está en una lucha! Un enemigo se define como aquel que fomenta diseños perjudiciales contra otro, un enemigo armado; un adversario u oponente. 1 Pedro 5:8 nos dice que "estar sobrio, estar vigilantes; porque vuestro adversario, el diablo, como   león   rugiente, anda alrededor buscando a quien devorar:"

Porque él sabe quién es usted y lo que poseen, a este enemigo le odia, y él tiene la intención de ganar y conservar un baluarte en su vida. Satanás, el enemigo de su alma, tiene sólo una misión que le conciernen y que es robar, matar y destruir.

Pero, ¿Qué dice Dios acerca de Satanás y sus demonios?

"Él canceló el registro de las acusaciones contra nosotros y se la llevaron por clavado a la cruz. De esta manera, se desarmó a los gobernantes y autoridades espirituales. Le avergonzó públicamente por su victoria sobre ellos en la cruz." (Colosenses 2:14-15 ☐ ☐☐☐☐ NLT .

"Estorbar la escritura de decretos que había contra nosotros, que nos era contraria, y la sacó del medio, clavándola en la cruz; y haber estropeado principados y poderes, él hizo una de ellas mostraré abiertamente, triunfando sobre ellos en él." (Colosenses 2:14-15☐ ☐ KJV☐☐☐☐ .

Por lo tanto, nuevamente, Qué por qué

estábamos siempre en el miedo? **Jesús desarmó a él en la cruz!**

Tus armas espirituales

El arrepentimiento

Debemos juzgarnos a nosotros mismos por lo que no vamos a estar bajo juicio. ¿Qué significa esto? Cuando pecamos, debemos confesarlo inmediatamente a nuestro Padre, de acuerdo con su palabra y pedir perdón. Cuando hacemos esto, nos tomamos de la sentencia de la zona donde el enemigo puede obtener acceso a nuestras vidas y nos pone a la derecha de nuevo en la rectitud bajo la protección y provisión de Dios.

El deseo de Dios es que os bendiga a vosotros y a no permitir el juicio para entrar, pero él es un Dios justo. Él no puede permanecer donde el pecado está presente. Es una fuerza de separación. Así, el juez mismo y cerrar la puerta del enemigo para bien.

La fe y la obediencia

La palabra hebrea para "FE" - emunah - es menos acerca del saber y más sobre cómo hacerlo.

"Emunah" significa literalmente "tomar medidas firmes", por lo que tener fe es *actuar*. Es como una escalera; puede que intelectualmente saben que subir las escaleras hasta el siguiente nivel, pero hasta que suba las escaleras, no va a experimentar el siguiente nivel. Lo que es más importante que lo que usted sabe. No sólo creo en las escaleras, subir las escaleras. La fe sin obras está muerta. Santiago 2:17).

La fe es estar dispuesto a creer a Dios lo suficiente como para caer en el ridículo y ser denigrada como Noé; para ir a algún lugar en el que nunca has estado y prosperar como Abraham; creer que se puede ganar un aparentemente imposi ble de ganar lucha como David, Josué Gedeón; a confiar en Dios lo suficiente como para dar su falta como la mujer viuda; para enfrentarse a peligros y amenazas como Esther o a hacer lo que parecía imposible, como Pedro, sólo para nombrar unos pocos. Si usted no toma el riesgo perderá el milagro. En la obediencia es la bendición.

La Palabra de Dios

"Así que la fe viene por el oír y el oír por la palabra de Dios." (Romanos 10:17. Nuestra única arma ofensiva es la palabra de Dios. Es espíritu y es vida. Se cortará el enemigo en las rodillas.

En los momentos de dificultad y fuera, su palabra y su discurso, que se alinea con él, debería ser la única confesión que sale de su boca. Esta es la forma de resistir al enemigo y le causa a huir. Utilizar esta arma provoca lo que el enemigo ha planeado para el mal en su vida para ser inservible.

Además, se deriva la sabiduría, fuerza y poder en todas las esferas de su ser de declarar y confesar la Palabra de Dios en la fe. Es su arma más poderosa y usted debe recibirlo en tu corazón y en tus labios. Tu ungido palabras tienen el poder y la fuerza del cielo detrás de ellos.

Alabanza y Adoración

"Alrededor de la medianoche, Pablo y Silas estaban orando y cantando himnos a Dios, y los presos estaban escuchando a ellos, y entonces fué hecho de repente un gran terremoto, de tal manera que los cimientos de la cárcel fueron sacudidos. Y luego todas las puertas se abrieron, y todos los bonos se desatan. Cuando el carcelero despertó y vio que las puertas de la cárcel estaban abiertas, sacó su espada y estaba a punto de suicidarse, suponiendo que los presos habían escapado. Pero Pablo clamó en alta voz, "no hagan daño a ti, para todos los que estamos aquí." El carcelero pidió para luces y apresurado, y temblando de miedo cayó ante Pablo y Silas. Luego los sacó y dijo: "Señores, ¿qué debo hacer para ser salvo?" y me dice, "Cree en el Señor Jesús y te salvarás tú y tu casa". Y hablaron la palabra del Señor a él y a todos los que se encontraban en su casa. Y Él los tomó a la misma hora de la noche y lavó las heridas, y fue bautizado a la vez, él y toda su familia. Entonces él les dio para arriba en su casa y comida antes de ellos. Y él se regocijó junto con toda su familia que había creído en Dios." (Hechos 16:25-34

La alabanza es un arma. Cuando se utiliza en el medio de ataque, es como se están riendo en la cara del enemigo y que desmoraliza al instante y le da gloria a Dios. Dios dice posicionarse para la victoria por avanzar con alabanza y adoración en la línea del frente.

El diablo no es omnisciente. Él piensa que lo que le trae a usted va a devorar, pero cuando usted mantenga alabando, mirando a la promesa, no el problema ocultando a sí mismo en Cristo, él y su anfitrión se renunció a la verdad que no se puede detener en su herencia.

La lucha es fijo. Su victoria asegurada!

El resto de su armadura

Tómese su tiempo para leer y releer Efesios 6:10-16, consiguiendo profundamente en su corazón. Esta es toda la armadura. Si usted asegurarse de que está equipado con todo lo que aparece aquí, usted nunca podrá volver a caminar en la derrota. Pero lo más importante es obtener la revelación de esta palabra. Orar y pedirle a Dios que revela la aplicación de esta palabra en su vida.

10 Una palabra final: ser fuerte en el Señor y en su poder. 11 puestas en toda la armadura de Dios, de modo que usted será capaz de mantenerse firme contra todas las estrategias del diablo. 12 Para nosotros[a] no están luchando contra la carne y la sangre, sino contra los enemigos mal gobernantes y autoridades del mundo oculto, contra los grandes poderes de este mundo tenebroso, contra los espíritus del mal en los lugares celestiales.
13 Por lo tanto, poner sobre cada pieza de la armadura de Dios para poder resistir al

enemigo en el mal tiempo. A continuación, después de la batalla que todavía será firme. ¹⁴ Stand Your Ground, poniendo en el cinturón de la verdad y la armadura de cuerpo de la justicia de Dios. ¹⁵ Para los zapatos, poner en la paz que proviene de la Buena Noticia, de modo que usted estará plenamente preparada.[b16] Además de todos estos, sujetar el escudo de la fe para detener las flechas ardientes del diablo.[c17] puesto sobre la salvación como su casco y tomar la espada del Espíritu, que es la palabra de Dios.

¹⁸ *de orar en el espíritu en todo momento y en toda circunstancia. Manténgase alerta y ser persistentes en sus oraciones por todos los creyentes de todo el mundo.[D]*

Ustedes son bien capaces de superar

Con Dios todas las cosas son posibles, y Él está con usted en todo momento. A la luz de la verdad, y la verdad que le han recordado a lo largo de este libro, llévate tus cosas atrás. Ir y recuperar todo. No dejes que el enemigo robar nada, matar a todo lo que Dios nos ha dado vida a o destruir cualquier cosa buena en su vida. Usted tiene la victoria en Jesús. Le ha dado las herramientas para combatir el buen combate de la fe. Utilizarlas y descansar en la superación de la fuerza de Cristo.

Para terminar, he aquí diez promesas de Dios que cambiará tu vida si realmente creen que ellos y recibir de ellos, son:

- Has sido perdonado.
- Dios no está enojado con usted.
- Eres justo ahora.
- Usted está curado.
- Dios cuidará de usted.
- Usted ha sido redimido de la maldición de la ley
- Usted tiene la mente de Cristo (sabiduría, discernimiento, la revelación).
- Usted conoce su voz tan usted puede confiar en su consciente (unciones).
- Usted puede descansar.
- Él le dio el dominio, poder y autoridad.

La salvación confesión:

"Padre Dios, sé que son reales y estoy llegando a reconocer mi necesidad de un Salvador.

Yo les pido que me perdonen por mis pecados y creo que Jesús tomó el castigo por mis pecados en la cruz para que yo pudiera ser reconciliado con usted e hizo todo.

Acepto a Jesús en mi vida hoy como mi Señor y Salvador, y le doy las gracias".

¡Aleluya!!!

Ahora forma parte del Reino de Dios. Si no están en la biblia creer en las enseñanzas de la Biblia y de la Iglesia, sírvase encontrar una manera que usted puede continuar creciendo en el Señor y vivir la vida abundante que Él vino a restaurar.

Por favor póngase en contacto conmigo y que me haga saber su confesión a fin de que yo pueda estar orando por ti.

Que Dios los bendiga! Te amo!

Elemento de acción: alimentación

"Es gloria de Dios ocultar una cosa, y el honor de los reyes a buscar una cuestión" (Proverbios 25:2. La KJV

Si va a tomar el tiempo para descubrir cada uno de estos diez promesas enumeradas anteriormente, no sólo hará que te ayudan a recordar cuando usted necesita esas verdades de la mayoría, pero usted será ricamente bendecido como Dios honra sus esfuerzos a la búsqueda de él.

La lista de las referencias bíblicas para los diez promesas aquí:

1.＿＿＿＿＿＿＿＿＿＿＿＿＿＿＿＿＿＿＿＿＿

2.＿＿＿＿＿＿＿＿＿＿＿＿＿＿＿＿＿＿＿＿＿

3.＿＿＿＿＿＿＿＿＿＿＿＿＿＿＿＿＿＿＿＿＿

4.＿＿＿＿＿＿＿＿＿＿＿＿＿＿＿＿＿＿＿＿＿

5.＿＿＿＿＿＿＿＿＿＿＿＿＿＿＿＿＿＿＿＿＿

6.＿＿＿＿＿＿＿＿＿＿＿＿＿＿＿＿＿＿＿＿＿

7.＿＿＿＿＿＿＿＿＿＿＿＿＿＿＿＿＿＿＿＿＿

8._____

9._____

10._____

Extracto de "100 días; Devocional 100 palabras en 100 días a una vida cambiada y restauración de propósito".

Fe - creer que no está basado en la prueba.
"La fe que no hace nada no vale nada. Santiago 2:20". NCV

La fe es la fe y la confianza en una persona o una reclamación, que, en última instancia, depende de la confianza o la confianza en la persona que hace la reclamación o la promesa. Pero la fe no termina allí. Fe real sólo se completa cuando la pareja a la acción correspondiente con esa convicción.

La fe es un espíritu creativo. Crea y da poder para manifestar las cosas que creer...

Fe aprovecha la potencia de Dios. Hebreos 11.

Algunos otros libros de Leah McCray:

100 día devocional: 100 palabras en 100 días a una vida cambiada y un renovado propósito.

El Reino Esposa.

Declaro! Estás lleno de fe las palabras tienen el poder para cambiar las cosas.

(Disponible en Amazon.com)
O visite:
Leahmccray.com
FB@drltmccray
O
Para publicar información awpubco.com

Palabras de Clausura

Estimado lector, gracias por tomar este viaje conmigo. Su compañía así que me honra y pido a Dios que siga bendiciendo tu vida de maneras increíbles.

Recuerde que por encima de todo lo demás que te ama y él le proporcionará a cada desafío que la vida pueda traer. Confianza en su fidelidad a él nunca fallará.

Por favor, no dude en escribirme a: Leahmccray.com o dejar un comentario en mi página de Facebook en L.T. McCray. Me encantaría escuchar de usted.

Hasta entonces, mi amor y oraciones están con usted y con su familia.

En su amorosa gracia,

Ministro Leah